DE BUONAPARTÉ,

ET

DES BOURBONS.

DE BUONAPARTE,

DES BOURBONS,

ET DE LA NÉCESSITÉ DE SE RALLIER A NOS PRINCES
LÉGITIMES, POUR LE BONHEUR DE LA FRANCE
ET CELUI DE L'EUROPE.

PAR F. A. DE CHATEAUBRIAND.

TROISIÈME ÉDITION.

PARIS,

MAME FRÈRES, IMPRIMEURS-LIBRAIRES,
rue du Pot-de-Fer, n° 14.

Et se trouve chez { LE NORMANT, imprimeur, rue de Seine, n° 8.
{ H. NICOLLE, libraire, même rue, n° 12.

1814.

PRÉFACE

DE CETTE NOUVELLE ÉDITION.

––––––

On se battoit encore à Montmartre, lorsque l'imprimeur, qui se dévouoit avec moi à la cause du roi, vint chercher le manuscrit de cet ouvrage. Buonaparte étoit à Fontainebleau avec 50 ou 60 mille hommes : rien n'étoit décidé sur le sort de la maison de Bourbon. En cas de revers, il n'y avoit que la fuite la plus prompte qui pût me dérober à la mort. Il est vrai que depuis l'époque de l'assassinat de M. le duc d'Enghien j'étois accoutumé à courir les chances de la fortune : menacé tous les six mois d'être fusillé, sabré, emprisonné pour le reste de mes jours, je n'en faisois pas moins ce qui me sembloit être mon devoir. Mais enfin, dans les dernières circonstances où j'écrivois, il étoit naturel que je n'eusse pas l'esprit assez libre pour garder exactement toutes le convenances ; sur le champ de bataille on ne songe pas trop à mesurer ses coups : j'avois droit pour cette raison à l'indulgence. Dans un sujet d'un intérêt si pressant, si général, j'espérois qu'on eût passé sur quelques inexactitudes, inséparables d'un travail achevé au bruit du canon, et publié pour ainsi dire sur la brèche.

Au reste, je vais satisfaire à tout.

Quelques erreurs de faits, de dates et de lieux, s'étoient glissées dans la première édition de cet ouvrage : elles sont corrigées dans cette nouvelle édition.

Les Italiens voudroient que je n'eusse pas confondu la Corse avec l'Italie ; ils citent à ce propos un proverbe italien, injurieux à la patrie de Buonaparte.

Il est évident que je n'ai attaqué ni la Corse, ni l'Italie en général ; il est toujours absurde de s'en prendre aux nations des crimes particuliers de quelques hommes: si la Corse a enfanté Buonaparte, la France n'a-t-elle pas donné naissance à Robespierre ? De nobles et grandes familles, des hommes remarquables par leur énergie et par leurs talents, sont sortis de cette île aujourd'hui trop fameuse. N'est-ce pas au premier maréchal Ornano que Henri IV a dû en partie la soumission du Dauphiné ? et aujourd'hui même, c'est un des compatriotes de Buonaparte qui a le plus contribué, par sa patience, sa fermeté, son courage et son esprit, à la restauration de la monarchie française (1).

Quant aux calamités que les Français ont, dans tous les temps, répandues sur l'Italie, et aux malheurs que la France a éprouvés sous le gouvernement des

---

(1) M. Pozzo di Borgho.

Italiens, ce sont des faits attestés par
l'histoire ; mais on n'en doit rien con-
clure contre les Italiens, ni contre les
Français. Deux peuples peuvent être doués
des plus rares qualités, et n'avoir entre
eux aucune sympathie, comme les Athé-
niens et les Spartiates. Eh ! qui plus que
moi admire la belle Italie ! Ma lettre *sur
Rome* en est la preuve. Je suis peut-être
le premier Français qui ait rendu justice
entière au génie des Italiens. N'aurions-
nous pas, à notre tour, bien plus de droit
de nous plaindre, si nous rappelions ce
qu'Alfieri a dit des Français ? La petite
querelle que l'on me fait est donc sans
fondement. La patrie de Raphaël, du
Tasse, de Montecuculli, doit être à jamais honorée de l'artiste, du poëte et du
guerrier. Je l'ai dit et je le répète, après
la France, Rome est le lieu de la terre où
j'aimerois mieux vivre et mourir.

Enfin en parlant de l'instruction publique j'aurois dû rendre un juste hom-

mage aux membres de l'Université,
puisque, au lieu de favoriser les principes du gouvernement, ils faisoient
tous leurs efforts pour arrêter le mal.
Je ne me pardonne pas moi-même cet
oubli. La vérité est que je n'ai jamais
cru qu'on pût soupçonner mes senti-
ments à cet égard. L'amitié qui me lie à
M. de Fontanes n'est-elle pas connue de
tout le monde ? Il est assez rare d'aimer
la personne qu'on admire ; j'ai depuis
long-temps ce bonheur. Dans un écrit qui
n'a pas été publié je faisois ainsi le por-
trait du grand-maitre de l'Université :

« Si je voulois parler d'un ami bien
« cher à mon cœur, d'un de ces amis
« qui, selon Cicéron, rendent la pros-
« périté plus éclatante et l'adversité plus
« légère, je vanterois la finesse et la pu-
« reté de son goût, l'élégance de sa prose,
« la beauté, la force, l'harmonie de ses
« vers qui, formés sur les grands modèles,
« se distinguent néanmoins par un tour

« original ; je vanterois ce talent supérieur
« inaccessible à l'envie ; ce talent heureux
« de tous les succès qui ne sont pas les
« siens , ce talent qui depuis dix années
« ressent ce qui peut m'arriver d'hono-
« rable , avec cette joie naïve et profonde
« connue seulement des plus généreux ca-
« ractères et de la plus vive amitié. »

Les hommes les plus distingués par
leurs talents , leurs vertus et leurs lumières composent le conseil de l'Université ; et parmi ces hommes j'ai l'honneur de compter encore d'illustres et de
dignes amis, M. l'évêque d'Alais, M. l'é-
vêque de Casal , MM. de Bonald , Jou-
bert, Langeac, Guenau, etc. ? A la tête
des lycées et des écoles on remarque
une foule de professeurs aussi sages qu'é-
clairés. Il est donc certain que , dans les
diverses branches du gouvernement , je
n'ai voulu attaquer que l'*administration*
de Buonaparte , et nullement les *administrateurs*. Les hommes respectables

que je viens de nommer gémissoient
eux-mêmes des principes que la tyrannie cherchoit à répandre parmi la jeunesse. Que de fois ils ont été dénoncés
comme des fanatiques, des ennemis des
lumières, des *Bourboniens* déguisés, pour
avoir osé glisser dans leurs instructions
quelques mots de morale et de religion.
Mais ces persécutions si honorables pour
les membres de l'Université prouvent en
même temps la vérité de mes tableaux :
loin d'avoir rien exagéré, je puis dire au
contraire que je suis demeuré bien au-
dessous de la vérité. (1).

Heureux si cet ouvrage a fait quelque
bien ; s'il a servi à faire tomber le voile
qui couvroit une aussi odieuse tyrannie !

_____

(1) Plusieurs personnes m'ont fait l'honneur de m'écrire,
en m'envoyant des détails monstrueux sur plusieurs branches de l'administration : elles me reprochent d'avoir été *foible*
et de n'avoir *pas tout dit.* Je remercie ces personnes bien
intentionnées ; mais le temps n'est pas venu de faire l'histoire entière de Buonaparte, et cette brochure est déjà trop
longue.

Au reste , les *derniers moments* de Buo-
noparte justifient assez mon opinion sur
cet homme. J'avois prévu depuis long-
temps qu'il ne feroit point une fin honorable ; mais je confesse qu'il a sur-
passé ce que j'attendois de lui. Il n'a
conservé dans son humiliation que son
caractère de comédien et d'imitateur : il
joue maintenant le sang-froid et l'indifférence ; il se juge lui-même ; il parle de
lui comme d'un autre ; de sa chute comme
d'un accident arrivé à son voisin : il rai-
sonne sur ce que les Bourbons ont à
craindre ou espérer ; c'est un Sylla , un
Dioclétien , comme auparavant c'étoit un
Alexandre et un Charlemagne. Il veut paroître insensible à tout , et peut-être l'est-
il en effet : une certaine joie cependant
éclate à travers son apathie ; on voit qu'il
est heureux de vivre. Ne lui envions
point son bonheur : quand on fait pitié ,
on n'est plus à craindre.

DE BUONAPARTE

ET

DES BOURBONS.

~~~~~~~~~~~~~~~~~~~~~~~~~~~

Non, je ne croirai jamais que j'écris sur le tombeau de la France ; je ne puis me persuader qu'après le jour de la vengeance nous ne touchions pas au jour de la miséricorde. L'antique patrimoine des rois très-chrétiens ne peut être divisé : il ne périra point ce royaume que Rome expirante enfanta au milieu de ses ruines, comme un dernier essai de sa

I

grandeur. Ce ne sont point les hommes seuls
qui ont conduit les événemens dont nous sommes
les témoins; la main de la Providence est visible
dans tout ceci : Dieu lui-même marche à découvert à la tête des armées et s'assied au
Conseil des rois. Comment, sans l'interven-
tion divine, expliquer, et l'élévation prodigieuse et la chute plus prodigieuse encore
de celui qui naguère fouloit le monde à ses
pieds? Il n'y a pas quinze mois qu'il étoit à
Moscou, et les Russes sont à Paris; tout
trembloit sous ses lois, depuis les colonnes
d'Hercule jusqu'au Caucase; et il est fugitif,
errant, sans asile : sa puissance s'est débordée
comme le flux de la mer, et s'est retirée
comme le reflux.

Comment expliquer les fautes de cet insensé? Nous ne parlons pas encore de ses
crimes.

Une révolution préparée par la corruption
de nos mœurs et par les égaremens de notre
esprit éclate parmi nous. Au nom des lois,
on renverse la religion et la morale; on

renonce à l'expérience et aux coutumes de
nos pères; on brise les tombeaux des aïeux,
seule base solide de tout gouvernement,
pour fonder sur une raison incertaine une
société sans passé et sans avenir. Errant dans
nos propres folies, ayant perdu toute, idée
claire du juste et de l'injuste, du bien et du
mal, nous parcourûmes les diverses formes du
gouvernement républicain. Nous appelâmes
la populace à délibérer, au milieu des rues
de Paris, sur les grands objets que le peuple
romain venoit discuter au Forum, après avoir
déposé ses armes et s'être baigné dans les flots
du Tibre. Alors sortirent de leurs repaires tous
ces rois demi-nus, salis et abrutis par l'indigence, enlaidis et mutilés par leurs travaux,
n'ayant pour toute vertu que l'insolence de la
misère et l'orgueil des haillons. La patrie
tombée en de pareilles mains fut bientôt couverte de plaies. Que nous resta-t-il de nos
fureurs et de nos chimères? des crimes et des
chaînes !

Mais du moins le mot qui sembloit nous

conduire alors étoit noble. La liberté ne doit
point être accusée des forfaits que l'on commit
sous son nom; la vraie philosophie n'est point
la mère des doctrines empoisonnées que ré-
pandent les faux sages. Éclairés par l'expérience, nous sentîmes enfin que le gouvernement monarchique étoit le seul qui pût
convenir à notre patrie.

Il eût été naturel de rappeler nos princes
légitimes; mais nous crûmes nos fautes trop
grandes pour être pardonnées. Nous ne
songeâmes pas que le cœur d'un fils de saint
Louis est un trésor inépuisable de miséricorde. Les uns craignoient pour leur vie, les
autres pour leurs richesses. Surtout il en coû-
toit trop à l'orgueil humain d'avouer qu'il
s'étoit trompé. Quoi, tant de massacres, de
bouleversemens, de malheurs pour revenir au
point d'où l'on étoit parti ! Les passions encore émues, les prétentions de toutes les espèces ne pouvoient renoncer à cette égalité
chimérique, cause principale de nos maux.
De grandes raisons nous poussoient ; de

petites raisons nous retinrent : la félicité publique fut sacrifiée à l'intérêt personnel, et la justice à la vanité.

Il fallut donc songer à établir un chef suprême qui fût l'enfant de la révolution, un chef en qui la loi corrompue dans sa source protégeât la corruption, et fît alliance avec elle. Des magistrats intègres, fermes et courageux, des capitaines renommés par leur probité autant que pour leurs talens s'étoient formés au milieu de nos discordes ; mais on ne leur offrit point un pouvoir que leurs principes leur auroient défendu d'accepter. On désespéra de trouver parmi les Français un front qui osât porter la couronne de Louis XVI. Un étranger se présenta : il fut choisi.

Buonaparte n'annonça pas ouvertement ses projets. Son caractère ne se développa que par degré. Sous le titre modeste de consul, il accoutuma d'abord les esprits indépendans à ne pas s'effrayer du pouvoir qu'ils avoient donné. Il se concilia les vrais Français, en se proclamant le restaurateur de l'ordre, des lois, et de la religion. Les plus sages y furent pris , les plus clairvoyans trompés. Les républicains regardoient Buonaparte comme leur ouvrage et comme le chef populaire d'un État libre. Les royalistes croyoient qu'il jouoit le rôle de Monck, et s'empressoient de le servir. Tout le monde espéroit en lui. Des victoires éclatantes , dues à la bravoure des Français, l'environnèrent de gloire. Alors il s'enivra de ses succès , et son penchant au mal commença à se déclarer. L'avenir doutera si cet homme a été plus coupable par le mal qu'il a fait que par le bien qu'il eût pu faire , et qu'il n'a pas fait. Jamais usurpateur n'eut un rôle plus facile et plus brillant à remplir. Avec un peu de modération il pouvoit établir lui et sa race sur le premier trône de l'univers. Personne ne lui disputoit ce trône. Les générations nées depuis la révolution ne connoissoient point nos anciens maîtres , et n'avoient vu que des troubles et des malheurs. La France et l'Europe étoient lassées; on ne soupiroit qu'après le repos ;

on l'eût acheté à tout prix. Mais Dieu ne voulut pas qu'un si dangereux exemple fût donné au monde, qu'un aventurier pût troubler l'ordre des successions royales, se faire l'héritier des héros, et profiter dans un seul jour de la dépouille du génie, de la gloire et du temps. Au défaut des droits de la naissance un usurpateur ne peut légitimer ses prétentions au trône que par des vertus : dans ce cas, Buonaparte n'avoit rien pour lui, hors des talens militaires, égalés, sinon même surpassés par ceux de plusieurs de nos généraux. Pour le perdre il a suffi à la Providence de l'abandonner et de le livrer à sa propre folie.

Un roi de France disoit que si la bonne foi étoit bannie du milieu des hommes, elle devroit se retrouver dans le cœur des rois : cette qualité d'une âme royale manqua surtout à Buonaparte. Les premières victimes connues de la perfidie du tyran, furent deux chefs des royalistes de la Normandie. MM. de Frotté et le baron de Commarque eurent la noble impru-

dence de se rendre à une conférence ou on les
attira sur la foi d'une promesse ; ils furent
arrêtés et fusillés. Peu de temps après Toussaint
Louverture fut enlevé par trahison en Amérique, et probablement étranglé dans le château
où on l'enferma en Europe.

Bientôt un meurtre plus fameux consterna
le monde civilisé. On crut voir renaître ces
temps de barbarie du moyen âge, ces scènes
que l'on ne retrouve plus que dans les ro-
mans, ces catastrophes que les guerres civiles
de l'Italie et la politique de Machiavel avoient
rendues familières au-delà des Alpes. L'étranger, qui n'étoit point encore roi, voulut avoir
le corps sanglant d'un Français pour marche-
pied du trône de France. Et quel Français,
grand Dieu ! Tout fut violé pour commettre
ce crime : droit des gens, justice, religion,
humanité. Le duc d'Enghien est arrêté en
pleine paix sur un sol étranger. Lorsqu'il avoit
quitté la France , il étoit trop jeune pour la
bien connoître : c'est du fond d'une chaise
de poste, entre deux gendarmes , qu'il voit,

comme pour la première fois, la terre de sa patrie, et qu'il traverse, pour mourir, les champs
illustrés par ses aïeux. Il arrive au milieu de
la nuit au donjon de Vincennes. A la lueur
des flambeaux, sous les voûtes d'une prison,
le petit-fils du grand Condé est déclaré coupable d'avoir comparu sur des champs de
bataille : convaincu de ce crime héréditaire,
il est aussitôt condamné. En vain il demande à parler à Buonaparte (ô simpli-
cité aussi touchante qu'héroïque!) , le brave
jeune homme étoit un des plus grands ad-
mirateurs de son meurtrier : il ne pouvoit
croire qu'un capitaine voulût assassiner un soldat. Encore tout exténué de faim et de fatigue,
on le fait descendre dans les ravins du château ;
il y trouve une fosse nouvellement creusée.
On le dépouille de son habit ; on lui attache sur
la poitrine une lanterne pour l'apercevoir dans
les ténèbres, et pour mieux diriger la balle au
cœur. Il demande un confesseur, et prie ses
bourreaux de transmettre les dernières mar-
ques de son souvenir à ses amis : on l'insulte

par des paroles grossières. On commande le feu; le duc d'Enghien tombe : sans témoins, sans consolation, au milieu de sa patrie, à quelques lieues de Chantilly, à quelques pas de ces vieux arbres sous lesquels le saint roi Louis rendoit la justice à ses sujets, dans la prison où M. le Prince fut renfermé, le jeune, le beau, le brave, le dernier rejeton du vainqueur de Rocroy, meurt comme seroit mort le grand Condé, et comme ne mourra pas son assassin. Son corps est enterré furtivement, et Bossuet ne renaîtra point pour parler sur ses cendres.

Il ne reste à celui qui s'est abaissé au-dessous de l'espèce humaine par un crime, qu'à affecter de se placer au-dessus de l'humanité par ses desseins, qu'à donner pour prétexte à un forfait des raisons inaccessibles au vulgaire, et à faire passer un abîme d'iniquité pour la profondeur du génie. Buonaparte eut recours à cette misérable assurance qui ne trompe personne et qui ne vaut pas un simple repentir :

ne pouvant cacher ce qu'il avoit fait , il le publia.

Quand on entendit crier dans Paris l'arrêt de mort, il y eut un mouvement d'horreur que personne ne dissimula. On se demanda de quel droit un étranger venoit de verser le plus beau comme le plus pur sang de la France. Croyoit-il pouvoir remplacer par sa famille, la famille française qu'il venoit d'éteindre ? Les militaires surtout frémirent : ce nom de Condé sembloit leur appartenir en propre, et représenter pour eux l'honneur de l'armée française. Nos grenadiers avoient plusieurs fois rencontré les trois générations de héros dans la mêlée, le prince de Condé, le duc de Bourbon et le duc d'Enghien ; ils avoient même blessé le duc de Bourbon ; mais l'épée d'un Français ne pouvoit épuiser ce noble sang : il n'appartenoit qu'à un étranger d'en tarir la source.

Chaque nation a ses vices. Ceux des Français ne sont pas la trahison , la noirceur et l'ingratitude. Le meurtre du duc d'Enghien,

la torture et l'assassinat de Pichegru, la guerre
d'Espagne et la captivité du Pape, décèlent
dans Buonaparte une nature étrangère à la
France. Malgré le poids des chaînes dont nous
étions accablés, sensibles aux malheurs autant
qu'à la gloire, nous avons pleuré le duc d'Enghien, Pichegru, Georges et Moreau ; nous
avons admiré Sarragosse, et environné d'hom-
mages un pontife chargé de fers. Celui qui
priva de ses Etats le prêtre vénérable dont
la main l'avoit marqué du sceau des rois, celui qui à Fontainebleau osa frapper le souverain pontife et traîner par ses cheveux
blancs le père des fidèles ; celui-là crut
peut-être remporter une nouvelle victoire:
il ne savoit pas qu'il restoit à l'héritier de
J. C. ce sceptre de roseau et cette couronne
d'épines qui triomphent tôt ou tard de la puissance du méchant.

Le temps viendra, je l'espère, où les Français
libres déclareront par un acte solennel, qu'ils
n'ont point pris de part à ces crimes de la
tyrannie ; que le meurtre du duc d'Enghien,

la captivité du Pape et la guerre d'Espagne,
sont des actes impies, sacriléges, odieux,
anti-français surtout, et dont la honte ne
doit retomber que sur la tête de l'étranger.

Buonaparte profita de l'épouvante que l'assassinat de Vincennes jeta parmi nous, pour
franchir le dernier pas et s'asseoir sur le trône.

Alors commencèrent les grandes Saturnales
de la royauté : les crimes, l'oppression, l'esclavage marchèrent d'un pas égal avec la folie.
Toute liberté expire, tout sentiment honorable,
toute pensée généreuse deviennent des cons-
pirations contre l'Etat. Si on parle de vertu,
on est suspect ; louer une belle action,
c'est une injure faite au prince. Les mots
changent d'acception : un peuple qui combat
pour ses souverains légitimes est un peuple
rebelle ; un traître est un sujet fidèle ; la
France entière devient l'empire du mensonge :
journaux, pamphlets, discours, prose et vers,
tout déguise la vérité. S'il a fait de la pluie,
on assure qu'il a fait du soleil ; si le tyran
s'est promené au milieu du peuple muet, il

s'est avancé, dit-on, au milieu des accla-
mations de la foule. Le but unique c'est
le Prince : la morale consiste à se dévouer
à ses caprices, le devoir à le louer. Il faut
surtout se récrier d'admiration lorsqu'il a fait
une faute ou commis un crime. Les gens de
lettres sont forcés par des menaces à célébrer
le despote. Ils composoient, ils capituloient sur
le degré de la louange ; heureux quand, au prix
de quelques lieux communs sur la gloire des
armes, ils avoient acheté le droit de pousser
quelques soupirs, de dénoncer quelques crimes, de rappeler quelques vérités proscrites.
Aucun livre ne pouvoit paroître sans être
marqué de l'éloge de Buonaparte, comme du
timbre de l'esclavage : dans les nouvelles édi-
tions des anciens auteurs, la censure faisoit re-
trancher tout ce qui se trouvoit contre les con-
quérans, la servitude et la tyrannie, comme le
Directoire avoit eu le dessein de faire corriger
dans les mêmes auteurs tout ce qui parloit de la
monarchie et des rois. Les almanachs étoient
examinés avec soin ; et la Conscription forma

un article de foi dans le catéchisme. Dans
les arts même servitude : Buonaparte empoi-
sonne les pestiférés de Jaffa : on fait un ta-
bleau qui le représente touchant, par excès
de courage et d'humanité, ces mêmes pestiférés. Ce n'étoit pas ainsi que saint Louis
guérissoit les malades qu'une confiance touchante et religieuse présentoit à ses mains
royales. Au reste, ne parlez point d'opinion
publique : la maxime est que le souverain
doit en disposer chaque matin. Il y avoit
à la police perfectionnée par Buonaparte un
comité chargé de donner la direction aux esprits, et à la tête de ce comité un directeur de
l'opinion publique. L'imposture et le silence
étoient les deux grands moyens employés
pour tenir le peuple dans l'erreur. Si vos
enfans meurent sur le champ de bataille,
croyez-vous qu'on fasse assez de cas de vous
pour vous dire ce qu'ils sont devenus? On
vous taira les événemens les plus importans
à la patrie, à l'Europe, au monde entier.
Les ennemis sont à Meaux; vous ne l'appre-

nez que par là fuite des gens de la campagne ;
on vous enveloppe de ténèbres ; on se joue
de vos inquiétudes ; on rit de vos douleurs ;
on méprise ce que vous pouvez sentir et
penser. Vous voulez élever la voix , un espion
vous dénonce, un gendarme vous arrête , une
commission militaire vous juge : on vous casse
la tête, et on vous oublie.

Ce n'étoit pas tout d'enchaîner les pères ,
il falloit encore disposer des enfans. On a
vu des mères accourir des extrémités de
l'Empire et venir réclamer, en fondant en
larmes, les fils que le gouvernement leur
avoit enlevés. Ces enfans étoient placés
dans des écoles où rassemblés au son du
tambour ils devenoient irreligieux, débauchés,
contempteurs des vertus domestiques. Si de
sages et dignes maîtres osoient rappeler la
vieille expérience et les leçons de la morale,
ils étoient aussitôt dénoncés comme des traîtres,
des fanatiques , des ennemis de la philosophie,
et du progrès des lumières (1). L'autorité pater-

_____

(1) **Voyez la Préface.**

nelle, respectée par les plus affreux tyrans de l'antiquité, était traitée par Buonaparte d'abus et de préjugé. Il vouloit faire de nos fils des espèces de Mameloucks sans Dieu, sans famille et sans patrie. Il semble que cet ennemi de tout, s'attachât à détruire la France par ses fondemens. Il a plus corrompu les hommes, plus fait de mal au genre humain dans le court espace de dix années, que tous les tyrans de Rome ensemble, depuis Néron jusqu'au dernier persécuteur des chrétiens. Les principes qui servoient de base à son administration, passoient de son gouvernement dans les différentes classes de la société : car un gouvernement pervers introduit le vice chez les peuples, comme un gouvernement sage fait fructifier la vertu. L'irréligion, le goût des jouissances et des dépenses au-dessus de la fortune, le mépris des liens moraux, l'esprit d'aventure, de violence et de domination descendoient du trône dans les familles. Encore quelque temps d'un pareil

2

règne, et la France n'eût plus été qu'une ca-
verne de brigands.

Les crimes de notre révolution républicaine
étoient l'ouvrage des passions qui laissent
toujours des ressources ; il y avoit désordre
et non pas destruction dans la société. La
morale étoit blessée, mais elle n'étoit pas
anéantie. La conscience avoit ses remords ;
une indifférence destructive ne confon-
doit point l'innocent et le coupable : aussi
les malheurs de ces temps auroient pu
être promptement réparés. Mais comment
guérir la plaie faite par un gouvernement
qui posoit en principe le despotisme; qui, ne
parlant que de morale et de religion, détruisoit sans cesse la morale et la religion par ses institutions et ses mépris; qui ne cherchoit point
à fonder l'ordre sur le devoir et sur la loi, mais
sur la force et sur les espions de police; qui
prenoit la stupeur de l'esclavage pour la paix
d'une société bien organisée, fidèle aux coutumes de ses pères, et marchant en silence dans
le sentier des antiques vertus. Les révolutions

les plus terribles sont préférables à un pareil
état. Si les guerres civiles produisent les
crimes publics, elles enfantent au moins les
vertus privées, les talens et les grands hommes.
C'est dans le despotisme que disparoissent les
empires : en abusant de tous les moyens, en
tuant les âmes encore plus que les corps, il
amène tôt ou tard la dissolution et la con--
quête. Il n'y a point d'exemple d'une nation
libre qui ait péri par une guerre entre les
citoyens; et toujours un État courbé sous ses
propres orages s'est relevé plus florissant.

On a vanté l'administration de Buonaparte :
si l'administration consiste dans des chiffres, si
pour bien gouverner il suffit de savoir combien
une province produit en blé, en vin, en
huile, quel est le dernier écu qu'on peut lever,
le dernier homme qu'on peut prendre, certes
Buonaparte étoit un grand administrateur; il
est impossible de mieux organiser le mal, de
mettre plus d'ordre dans le désordre. Mais si
la meilleure administration est celle qui laisse
un peuple en paix, qui nourrit en lui des sen--

timens de justice et de piété, qui est avare du sang des hommes, qui respecte les droits des citoyens, les propriétés et les familles, certes le gouvernement de Buonaparte étoit le pire des gouvernemens.

Et encore que de fautes et d'erreurs dans son propre système ! L'administration la plus dispendieuse engloutissoit une partie des revenus de l'État. Des armées de douaniers et de receveurs dévoroient les impôts qu'ils étoient chargés de lever. Il n'y avoit pas de si petit chef de bureau qui n'eût sous lui cinq ou six commis. Buonaparte sembloit avoir déclaré la guerre au commerce. S'il naissoit en France quelque branche d'industrie il s'en emparoit, et elle séchoit entre ses mains. Les tabacs, les sels, les laines, les denrées coloniales, tout étoit pour lui l'objet d'un monopole ; il s'étoit fait l'unique marchand de son empire. Il avoit par des combinaisons absurdes, ou plutôt par une ignorance et un dégoût

décidé de la marine, achevé de perdre nos
colonies et d'anéantir nos flottes. Il bâtissoit
de grands vaisseaux qui pourrissoient dans
les ports, ou qu'il désarmoit lui-même pour
subvenir aux besoins de son armée de terre.
Cent frégates répandues dans toutes les mers
auroient pu faire un mal considérable aux
ennemis, former des matelots à la France,
protéger nos bâtimens marchands : ces premières notions du bon sens n'entroient pas
même dans la tête de Buonaparte. On ne doit
point attribuer à ses lois les progrès de notre
agriculture : ils sont dus au partage des grandes
propriétés, à l'abolition de quelques droits
féodaux, et à plusieurs autres causes produites
par la révolution. Tous les jours cet homme in-
quiet et bizarre fatiguoit un peuple qui n'avoit
besoin que de repos, par des décrets contra-
dictoires, et souvent inexécutables ; il violoit
le soir la loi qu'il avoit faite le matin. Il a dé-
voré en dix ans quinze milliards d'impôts (1),

(1) Tous ces calculs ne sont qu'*approximatifs* : je ne
me pique nullement de donner des comptes rigoureux

ce qui surpasse la somme des taxes levées pendant les soixante-treize années du règne de Louis XIV. La dépouille du monde, quinze cent millions de revenus ne lui suffisoient pas ; il n'étoit occupé qu'à grossir son trésor par les mesures les plus iniques. Chaque préfet, chaque sous-préfet, chaque maire avoit le droit d'augmenter les entrées des villes, de mettre des centimes additionnels sur les bourgs, les villages et les hameaux, de demander à tel propriétaire une somme arbitraire pour tel ou tel prétendu besoin. La France entière étoit au pillage. Les infirmités, l'indigence, la mort, l'éducation, les arts, les sciences ; tout payoit un tribut au prince. Vous aviez un fils estropié, cul-de-jatte, incapable de servir, une loi de la conscription vous obligeoit à donner quinze cents francs pour vous consoler de ce malheur. Quelquefois le conscrit malade mouroit avant d'avoir subi l'examen du capitaine de recrutement. Vous supposiez le père alors

---

par francs et par centimes ; il suffit pour ce que je veux prouver, que je sois resté au-dessous de la vérité.

exempt de payer les quinze cents francs de la réforme ? Point du tout. Si la déclaration de l'infirmité avoit été faite avant l'accident de la mort, le conscrit se trouvant vivant au moment de la déclaration, le père étoit obligé de compter la somme sur le tombeau de son fils. Le pauvre vouloit-il donner quelque éducation à l'un de ses enfans : il falloit qu'il comptât d'abord une somme à l'Université, plus une redevance sur la pension donnée au maître. Un auteur moderne citait-il un ancien auteur : comme les ouvrages de ce dernier étoient tombés dans ce qu'on appeloit le *domaine public*, la censure exigeoit un centime par feuille de citation. Si vous traduisiez en citant, vous ne payiez qu'un demi-centime par feuille, parce qu'alors la citation étoit du *domaine mixte* ; la moitié appartenant au travail du traducteur vivant, et l'autre moitié à l'auteur mort. Lorsque Buonaparte fit distribuer des alimens aux pauvres dans l'hiver de 1812, on crut qu'il tiroit cette générosité de son épargne : il leva à cette occasion des centimes additionnels, et gagna quatre millions sur la soupe des pauvres. Enfin on l'a vu s'emparer de l'administration des funérailles ; il étoit digne du destructeur des Français de lever un impôt sur leurs cadavres. Et comment au-roit-on réclamé la protection des lois, puisque c'étoit lui qui les faisoit? Le corps législatif a osé parler une fois, et il a été dissous. Un seul article des nouveaux Codes détruisoit radicalement la propriété. Un administrateur du domaine pouvoit vous dire : « Votre propriété est domaniale ou « nationale. Je la mets provisoirement sous « le séquestre : allez et plaidez. Si le domaine « a tort on vous rendra votre bien. » Et à qui aviez-vous recours en ce cas? Aux tribunaux ordinaires? Non : ces causes étoient réservées à l'examen du Conseil d'Etat, et plaidées de-vant l'Empereur qui étoit ainsi juge et partie.

Si la propriété étoit incertaine, la liberté civile étoit encore moins assurée. Qu'y avoit-il de plus monstrueux que cette commission nommée pour inspecter les prisons, et sur le rapport de laquelle un homme pouvoit être détenu toute sa vie dans les cachots , sans instruction, sans procès, sans jugement, mis à la torture, fusillé la nuit, étranglé entre deux guichets? Au milieu de tout cela , Buona- parte faisoit nommer chaque année des com- missions de la liberté de la presse et de la liberté individuelle : Tibère ne s'est jamais joué à ce point de l'espèce humaine.

Enfin la conscription faisoit comme le couronnement de ces œuvres du despo- tisme. La Scandinavie appelée par un histo- rien la *fabrique du genre-humain*, n'auroit pu fournir assez d'hommes à cette loi homi- cide. Le code de la conscription, sera un monument éternel du règne de Bonaparte. Là se trouve réuni tout ce que la tyrannie la plus subtile et la plus ingénieuse peut ima- giner pour tourmenter et dévorer les peuples : c'est véritablement le code de l'enfer. Les générations de la France étoient mises en coupe réglée comme les arbres d'une forêt : chaque année quatre-vingt mille jeunes gens étoient abattus. Mais ce n'étoit là que la mort régu-

lière : souvent la conscription étoit doublée
ou fortifiée par des levées extraordinaires ;
souvent elle dévoroit d'avance les futures victimes, comme un dissipateur emprunte sur le
revenu à venir. On avoit fini par prendre
sans compter : l'âge légal, les qualités re-
quises pour mourir sur un champ de bataille,
n'étoient plus considérées ; et l'inexorable
loi montroit à cet égard une merveilleuse
indulgence. On remontoit vers l'enfance ;
on descendoit vers la vieillesse : le réformé,
le remplacé étoient repris ; tel fils d'un pauvre
artisan, racheté trois fois au prix de la petite
fortune de son père, étoit obligé de marcher.
Les maladies, les infirmités, les défauts du
corps n'étoient plus une raison de salut. Des
colonnes mobiles parcouroient nos provinces
comme un pays ennemi, pour enlever au
peuple ses derniers enfans. Si l'on se plaignoit
de ces ravages, on répondoit que les colonnes
mobiles étoient composées de beaux gendarmes qui consoleroient les mères et leur
rendroient ce qu'elles avoient perdu. Au défaut

du frère absent, on prenoit le frère présent.
Le père répondoit pour le fils, la femme pour
le mari : la responsabilité s'étendoit aux parens
les plus éloignés et jusqu'aux voisins. Un village devenoit solidaire pour le conscrit qui
l'avoit vu naître. Des garnisaires s'établis-
soient chez le paysan, et le forçoient de vendre
son lit pour les nourrir, jusqu'à ce qu'il eût
trouvé le conscrit caché dans les bois. L'absurde se mêloit à l'atroce : souvent on de-
mandoit des enfans à ceux qui étoient assez
heureux pour n'avoir point de postérité ; on
employoit la violence pour découvrir le por-
teur d'un nom qui n'existoit que sur le rôle
des gendarmes, ou pour avoir un conscrit qui
servoit dejà depuis cinq ou six ans. Des
femmes grosses ont été mises à la torture
afin qu'elles révélassent le lieu où se tenoit
caché le premier né de leurs entrailles ; des
pères ont apporté le cadavre de leur fils pour
prouver qu'ils ne pouvoient fournir ce fils
vivant. Il restoit encore quelques familles dont
les enfans plus riches s'étoient rachetés; ils se

destinoient à former un jour des magistrats, des administrateurs, des savans, des propriétaires, si utiles à l'ordre social dans un grand pays : par le décret des gardes d'honneur on les a enveloppés dans le massacre universel. On en étoit venu à ce point de mépris pour la vie des hommes et pour la France, d'appeler les conscrits la *matière première* et la *chair à canon.* On agitoit quelquefois cette grande question parmi les pourvoyeurs de chair humaine : savoir combien de temps *duroit* un conscrit ; les uns prétendoient qu'il duroit trente - trois mois, les autres trente - six. Buonaparte disoit lui - même : *J'ai* 300,000 *hommes de revenu.* Il a fait périr dans les onze années de son règne plus de cinq millions de Français, ce qui surpasse le nombre de ceux que nos guerres civiles ont enlevés pendant trois siècles, sous les règnes de Jean, de Charles V, de Charles VI, de Charles VII, de Henri II, de François II, de Charles IX, de Henri III et de Henri IV. Dans les douze derniers mois qui viennent de s'écouler, Buo-

naparte a levé (sans compter la garde nationale) treize cent trente mille hommes, ce qui
est plus de cent mille hommes par mois : et
on a osé lui dire qu'il n'avoit dépensé que le
luxe de la population.

Il étoit aisé de prévoir ce qui est arrivé :
tous les hommes sages disoient que la conscription, en épuisant la France, l'exposeroit
à l'invasion aussitôt qu'elle seroit sérieuse-
ment attaquée. Saigné à blanc par le bourreau, ce corps, vide de sang, n'a pu faire
qu'une foible résistance ; mais la perte des
hommes n'étoit pas le plus grand mal que
faisoit la conscription : elle tendoit à nous re-
plonger nous et l'Europe entière dans la
barbarie. Par la conscription, les métiers, les
arts et les lettres sont inévitablement détruits.
Un jeune homme qui doit mourir à dix-huit
ans ne peut se livrer à aucune étude. Les
nations voisines obligées, pour se défendre,
de recourir aux mêmes moyens que nous,
abandonnoient à leur tour les avantages de la
civilisation ; et tous les peuples, précipités les

uns sur les autres comme au siècle des Goths
et des Vandales , auroient vu renaître les
malheurs de ces temps. En brisant les liens
de la société générale, la conscription anéan-
tissoit aussi ceux de la famille. Accoutumés
dès leurs berceaux à se regarder comme des
victimes dévouées à la mort, les enfans n'o-
béissoient plus à leurs parens , ils devenoient
paresseux, vagabonds et débauchés, en attendant le jour où ils alloient piller et égorger le
monde. Quel principe de religion et de morale, auroit eu le temps de prendre racine
dans leur cœur ? De leur côté, les pères et les
mères, dans la classe du peuple, n'attachoient
plus leurs affections , ne donnoient plus leurs
soins à des enfans qu'ils se préparoient à
perdre, qui n'étoient plus leur richesse et
leur appui , et qui ne devenoient pour eux
qu'un objet de douleur et un fardeau. De là
cet endurcissement de l'âme , cet oubli de
tous les sentimens naturels, qui mènent à
l'égoïsme , à l'insouciance du bien et du mal ,
à l'indifférence pour la patrie ; qui éteignent

la conscience et les remords, qui vouent un peuple à la servitude, en lui ôtant l'horreur du vice et l'admiration pour la vertu.

Telle étoit l'administration de Buonaparte pour l'intérieur de la France.

Examinons au dehors la marche de son gouvernement, cette politique dont il étoit si fier, et qu'il définissoit ainsi : *La politique, c'est jouer aux hommes.* Eh bien, il a tout perdu à ce jeu abominable, et c'est la France qui a payé sa perte.

Pour commencer par son système continental, ce système d'un fou ou d'un enfant, n'étoit point d'abord le but réel de ses guerres, il n'en étoit que le prétexte. Il vouloit être le maître de la terre, en ne parlant que de la liberté des mers. Et ce système insensé a-t-il fait ce qu'il falloit pour l'établir? Par les deux grandes fautes qui, comme nous le dirons après, ont fait échouer ses projets sur l'Espagne et sur la Russie, n'a-t-il pas manqué aussi de fermer les ports de la Médi-

terranée et de la Baltique ? N'a-t-il pas donné
toutes les colonies du monde aux Anglais ? Ne
leur a-t-il pas ouvert au Pérou, au Mexique, au
Brésil, un marché plus considérable que celui
qu'il vouloit leur fermer en Europe ? Chose si
vraie, que la guerre a enrichi le peuple qu'il
prétendoit ruiner. L'Europe n'emploie que
quelques superfluités de l'Angleterre ; le fond
des nations européennes trouve dans ses propres
manufactures de quoi suffire à ses principales
nécessités. En Amérique, au contraire, les
peuples ont besoin de tout, depuis le premier
jusqu'au dernier vêtement ; et dix millions
d'Américains consomment plus de marchan-
dises anglaises que trente millions d'Européens.
Je ne parle point de l'importation de l'argent
du Mexique aux Indes, du monopole du
cacao, du quinquina, de la cochenille et de
mille autres objets de spéculation devenus
une nouvelle source de richesses pour les
Anglais. Et quand Buonaparte auroit réussi à
fermer les ports de l'Espagne et de la Baltique,
il falloit donc ensuite fermer ceux de la Grèce,

de Constantinople, de la Syrie, de la Barbarie : c'étoit prendre l'engagement de conquérir
le monde. Tandis qu'il eût tenté de nouvelles
conquêtes, les peuples déjà soumis, ne pouvant échanger le produit de leur sol et
de leur industrie, auroient secoué le joug
et rouvert leurs ports. Tout cela n'offre que
vues fausses, qu'entreprises petites à force
d'être gigantesques, défaut de raison et de
bon sens, rêves d'un fou et d'un furieux.

Quant à ses guerres, à sa conduite avec les
cabinets de l'Europe, le moindre examen en
détruit le prestige. Un homme n'est pas grand
par ce qu'il entreprend, mais par ce qu'il
exécute. Tout homme peut rêver la conquête
du monde : Alexandre seul l'accomplit. Buonaparte gouvernoit l'Espagne comme une province dont il pompoit le sang et l'or. Il
ne se contente pas de cela ; il veut encore
régner personnellement sur le trône de
Charles IV. Que fait-il alors ? Par la politique la plus noire, il sème d'abord des

5.

germes de division dans la famille royale;
ensuite il enlève cette famille, au mépris de
toutes les lois humaines et divines; il envahit
subitement le territoire d'un peuple fidèle qui
venoit de combattre pour lui à Trafalgar. Il
insulte au génie de ce peuple, massacre ses
prêtres, blesse l'orgueil castillan, soulève
contre lui les descendans du Cid et du Grand
Capitaine. Aussitôt Sarragosse célèbre la messe
de ses propres funérailles, et s'ensevelit sous ses
ruines; les chrétiens de Pélage descendent
des Asturies : le nouveau Maure est chassé.
Cette guerre ranime en Europe l'esprit des
peuples, donne à la France une frontière de
plus à défendre, crée une armée de terre
aux Anglais, les ramène, après quatre siècles,
dans les champs de Poitiers, et leur livre les
trésors du Mexique.

Si au lieu d'avoir recours à ces ruses dignes
de Borgia, Buonaparte, par une politique toujours criminelle, mais plus habile, eût, sous un
prétexte quelconque, déclaré la guerre au
roi d'Espagne; s'il se fût annoncé comme le

vengeur des Castillans opprimés par le Prince
de la Paix; s'il eût caressé la fierté espagnole,
ménagé les Ordres religieux; il est probable
qu'il eût réussi. « Ce ne sont pas les Espagnols
que je veux, disoit-il dans sa fureur, c'est
l'Espagne. » Eh bien! cette terre l'a rejeté.
L'incendie de Burgos a produit l'incendie de
Moscou, et la conquête de l'Alhambra a amené
les Russes au Louvre. Grande et terrible leçon!

Même faute pour la Russie : au mois d'oc-
tobre 1812, s'il s'étoit arrêté sur les bords
de la Duna; s'il se fût contenté de prendre
Riga, de cantonner pendant l'hiver son armée
de cinq cent mille hommes, d'organiser la Po-
logne derrière lui; au retour du printemps, il
eût peut-être mis en péril l'empire des czars.
Au lieu de cela il marche à Moscou par
un seul chemin, sans magasins, sans res-
source. Il arrive : les vainqueurs de Pultava
embrasent leur Ville Sainte. Buonaparte s'en-
dort un mois au milieu des ruines et des cendres. Il semble oublier le retour des saisons
et la rigueur du climat; il se laisse amuser par

des propositions de paix ; il ignore assez le cœur humain pour croire que des peuples qui ont eux-mêmes brûlé leur capitale , à fin d'échapper à l'esclavage , vont capituler sur les ruines fumantes de leurs maisons. Ses généraux lui crient qu'il est temps de se retirer. Il part, jurant comme un enfant furieux, qu'il reparoîtra bientôt avec une armée dont *l'avant-garde seule sera composée de trois cent mille soldats,* Dieu envoie un souffle de sa colère ; tout périt : il ne nous revient qu'un homme !

Absurde en administration, criminel en politique, qu'avoit-il donc pour séduire les Français cet étranger? Sa gloire militaire. Eh bien, il en est dépouillé. C'est en effet un grand gagneur de batailles ; mais hors de là, le moindre général est plus habile que lui. Il n'entend rien aux retraites et à la chicane du terrain ; il est impatient, incapable d'attendre long-temps un résultat , fruit d'une longue combinaison militaire ; il ne sait qu'aller en avant, faire des pointes, courir, remporter des victoires, comme

on l'a dit, à *coups d'hommes*, sacrifier tout
pour un succès, sans s'embarrasser d'un revers,
tuer la moitié de ses soldats par des marches
au-dessus des forces humaines. Peu importe :
n'a-t-il pas la conscription et la *matière première?*
On a cru qu'il avoit perfectionné l'art de la
guerre, et il est certain qu'il l'a fait rétro-
grader vers l'enfance de l'art (1). Le chef-
d'œuvre de l'art militaire chez les peuples
civilisés, c'est évidemment de défendre un
grand pays avec une petite armée; de laisser
reposer plusieurs milliers d'hommes derrière
soixante ou quatre - vingt mille soldats ; de
sorte que le laboureur qui cultive en paix son
sillon, sait à peine qu'on se bat à quelques
lieues de sa chaumière. L'empire romain
étoit gardé par cent cinquante mille hommes,
et César n'avoit que quelques légions à
Pharsale. Qu'il nous défende donc aujour-
d'hui dans nos foyers , ce vainqueur du
monde ? Quoi ! tout son génie l'a - t - il

(1) Il est vrai pourtant qu'il a perfectionné ce qu'on
appelle l'administration des armées et le matériel de la
guerre.

soudainement abandonné ! Par quel enchan-
tement cette France que Louis XIV avoit
environnée de forteresses, que Vauban avoit
fermée comme un beau jardin, est-elle
envahie de toutes parts ? Où sont les garnisons
de ses places frontières ? Il n'y en a point. Où
sont les canons de ses remparts ? Tout est dé-
sarmé, même les vaisseaux de Brest, de Tou-
lon et de Rochefort. Si Buonaparte eût voulu
nous livrer sans défense aux puissances coalisées, s'il nous eût vendus, s'il eût conspiré se-
crètement contre les Français, eût-il agi au-
trement ? En moins de seize mois deux milliards
de numéraire, quatorze cent mille hommes,
tout le matériel de nos armées et de nos places
sont engloutis dans les bois de l'Allemagne et
dans les déserts de la Russie. A Dresde Buonaparte commet fautes sur fautes ; oubliant
que si les crimes ne sont quelquefois punis que
dans l'autre monde, les fautes le sont toujours
dans celui-ci. Il montre l'ignorance la plus
incompréhensible de ce qui se passe dans les
cabinets, s'obstine à rester sur l'Elbe, est

battu à Leipsick, et refuse une paix honorable
qu'on lui propose. Plein de désespoir et de rage
il sort pour la dernière fois du palais de nos
rois, va brûler, par un esprit de justice et
d'ingratitude, le village où ces mêmes rois
eurent le malheur de le nourrir, n'oppose
aux ennemis qu'une activité sans plan, éprouve
un dernier revers, fuit encore, et délivre
enfin la capitale du monde civilisé de son
odieuse présence.

La plume d'un Français se refuseroit à
peindre l'horreur de ses champs de bataille ;
un homme blessé devient pour Buonaparte
un fardeau : tant mieux s'il meurt, on en est
débarrassé. Des monceaux de soldats mutilés,
jetés pèle mêle dans un coin, restent quelquefois des jours et des semaines sans être
pansés : il n'y a plus d'hôpitaux assez vastes
pour contenir les malades d'une armée de sept
ou huit cent mille hommes, plus assez de
chirurgiens pour les soigner. Nulle précaution
prise pour eux par le bourreau des Français :
souvent point de pharmacie, point d'ambu-

lance, quelquefois même pas d'instrumens pour couper les membres fracassés. Dans la campagne de Moscou, faute de charpie on pansoit les blessés avec du foin. Le foin manqua, ils moururent. On vit errer cinq cent mille guerriers, vainqueurs de l'Europe, la gloire de la France ; on les vit errer parmi les neiges et les déserts, s'appuyant sur des branches de pin, car ils n'avoient plus la force de porter leurs armes, et couverts pour tout vêtement de la peau sanglante des chevaux qui avoient servi à leur dernier repas. De vieux capitaines, les cheveux et la barbe hérissés de glaçons, s'abaissoient jusqu'à caresser le soldat à qui il étoit resté quelque nourriture, pour en obtenir une chétive partie : tant ils éprouvoient les tourmens de la faim ! Des escadrons entiers, hommes et chevaux, étoient gelés pendant la nuit ; et le matin on voyoit encore ces fantômes debout au milieu des frimas. Les seuls témoins des souffrances de nos soldats dans ces solitudes, étoient des bandes de corbeaux et des meutes de levriers blancs

demi-sauvages, qui suivoient notre armée pour
en dévorer les débris. L'empereur de Russie a
fait faire au printemps la recherche des morts :
on a compté deux cent quarante-trois mille six
cent dix cadavres d'hommes, et cent vingt-trois
mille cent trent-trois de chevaux (1). La peste
militaire, qui avoit disparu depuis que la guerre
ne se faisoit plus qu'avec un petit nombre d'hommes, cette peste a reparu avec la conscription,
les armées d'un million de soldats et les flots
de sang humain. Et que faisoit le destructeur de
nos pères, de nos frères, de nos fils, quand il
moissonnoit ainsi la fleur de la France? il fuyoit !
il venoit aux Tuileries dire, en se frottant les
mains au coin du feu : *Il fait meilleur ici que
sur les bords de la Beresina.* Pas un mot de
consolation aux épouses, aux mères en larmes
dont il étoit entouré ; pas un regret, pas un
mouvement d'attendrissement, pas un remords,
pas un seul aveu de sa folie. Les Tigellins

_____

(1) Extrait d'un rapport officiel du ministre de la police générale au Gouvernement russe, en date du 1ᵉ
mai 1813.

disoient : « Ce qu'il y a d'heureux dans cette
» retraite , c'est que l'Empereur n'a manqué
» de rien ; il a toujours été bien nourri , bien
» enveloppé dans une bonne voiture ; enfin il
» n'a pas du tout souffert , c'est une grande
» consolation ; » Et lui , au milieu de sa cour,
paroissoit gai, triomphant, glorieux ; paré du
manteau royal, la tête couverte du chapeau à
la Henri IV ; il s'étaloit brillant sur un trône ,
répétant les attitudes royales qu'on lui avoit
enseignées : mais cette pompe ne servoit qu'à
le rendre plus hideux ; et tous les diamans
de la couronne ne pouvoient cacher le sang
dont il étoit couvert.

Hélas ! cette horreur des champs de bataille
s'est rapprochée de nous ; elle n'est plus ca-
chée dans les déserts : c'est au sein de nos
foyers que nous la voyons, dans ce Paris
que les Normands assiégèrent en vain, il y a
près de mille ans, et qui s'enorgueillissoit de
n'avoir eu pour vainqueur que ce Clovis qui
devint son roi. Livrer un pays à l'invasion,
n'est-ce pas le plus grand et le plus irrémis-

sible des crimes ? Nous avons vu périr sous
nos propres yeux le reste de nos générations ; nous avons vu des troupeaux de conscrits , d'anciens soldats pâles et défigurés ,
s'appuyer sur les bornes des rues , mourant
de toutes les sortes de misère, tenant à peine
d'une main l'arme avec laquelle ils avoient
défendu la patrie , et demandant l'aumône de
l'autre main ; nous avons vu la Seine char-
gée de barques, nos chemins encombrés de
chariots remplis de blessés qui n'avoient pas
même le premier appareil sur leurs plaies.
Un de ces chars que l'on suivoit à la trace
du sang se brisa sur le boulevard. Il en tomba
des conscrits sans bras , sans jambes , percés
de balles, de coups de lances , jetant des
cris , et priant les passans de les achever.
Ces malheureux enlevés à leurs chaumières
avant d'être parvenus à l'âge d'homme , me-
nés avec leurs bonnets et leurs habits cham-
pétres sur le champ de bataille , placés comme
chair à canon , dans les endroits les plus dangereux pour épuiser le feu de l'ennemi ; ces

infortunés, dis-je, se prenoient à pleurer, et crioient en tombant frappés par le boulet : *Ah ma mère ! ma mère !* cri déchirant qui accusoit l'âge tendre de l'enfant arraché la veille à la paix domestique ; de l'enfant tombé tout à coup des mains de sa mère dans celles de son barbare souverain ! Et pour qui tant de massacres, tant de douleurs ? pour un abominable tyran, pour un étranger qui n'est si prodigue du sang français, que parce qu'il n'a pas une goutte de ce sang dans les veines.

Ah ! quand Louis XVI refusoit de punir quelques coupables dont la mort lui eût assuré le trône, en nous épargnant à nous-même tant de malheurs ; quand il disoit : « Je « ne veux pas acheter ma sûreté au prix de la « vie d'un seul de mes sujets.» Quand il écrivoit dans son testament : « Je recommande à mon « fils, s'il a le malheur de devenir roi, de « songer qu'il se doit tout entier au bonheur « de ses concitoyens, qu'il doit oublier toute «·haine et tout ressentiment, et nommément

« ce qui a rapport aux malheurs et aux chagrins
« que j'éprouve ; qu'il ne peut faire le bon-
« heur des peuples qu'en régnant suivant les
« lois. » Quand il prononçoit sur l'échafaud
ces paroles : « Français, je prie Dieu qu'il ne
« venge pas sur la nation le sang de vos rois
« qui va être répandu. » Voilà le véritable
roi, le roi français, le roi légitime, le père
et le chef de la patrie !

Buonaparte s'est montré trop médiocre dans
l'infortune pour croire que sa prospérité fût
l'ouvrage de son génie ; il n'est que le fils de
notre puissance, et nous l'avons cru le fils de
ses œuvres. Sa grandeur n'est venue que des
forces immenses que nous lui remîmes entre
les mains, lors de son élévation. Il hérita
de toutes les armées formées sous nos plus
habiles généraux, conduites tant de fois à la
victoire par tous ces grands capitaines qui
ont péri et qui périront peut-être jusqu'au
dernier, victimes des fureurs et de la jalou-
sie du tyran. Il trouva un peuple nombreux,
agrandi par des conquêtes, exalté par des

triomphes et par le mouvement que donnent toujours les révolutions; il n'eut qu'à frapper du pied la terre féconde de notre patrie, et elle lui prodigua des trésors et des soldats. Les peuples qu'il attaquoit étoient lassés et des-unis : il les vainquit tour à-tour, en versant sur chacun d'eux séparément les flots de la population de la France.

Lorsque Dieu envoie sur la terre les exécuteurs des châtiments célestes, tout est aplani devant eux : ils ont des succès extraordinaires avec des alents médiocres; Nés au milieu des discordes civiles, ces exterminateurs tirent leurs principales forces des maux qui les ont enfantés, et de la terreur qu'inspire le souvenir de ces maux : ils obtiennent ainsi la soumission du peuple, au nom des calamités dont ils sont sortis. Il leur est donné de corrompre et d'avilir, d'anéantir l'honneur, de dégrader les âmes, de souiller tout ce qu'ils touchent, de tout vouloir et de tout oser, de régner par le mensonge, l'impiété et l'épouvante, de parler tous les langages, de fasciner tous

les yeux, de tromper jusqu'à la raison, de se
faire passer pour de vastes génies lorsqu'ils ne
sont que des scélérats vulgaires, car l'excellence
en tout ne peut être séparée de la vertu ; traî-
nant après eux les nations séduites, triomphant par la multitude, deshonorés par cent
victoires, la torche à la main, les pieds dans
le sang, ils vont au bout de la terre comme
des hommes ivres, poussés par Dieu qu'ils
méconnoissent.

Lorsque la Providence au contraire veut sauver un empire et non le punir ; lorsqu'elle
emploie ses serviteurs et non ses fléaux ; qu'elle
destine aux hommes dont elle se sert une gloire
honorable, et non une abominable renommée;
loin de leur rendre la route facile comme à
Buonaparte, elle leur oppose des obstacles
dignes de leurs vertus. C'est ainsi que l'on peut
toujours distinguer le tyran du libérateur, le
ravageur des peuples du grand capitaine,
l'homme envoyé pour détruire et l'homme
venu pour réparer. Celui-là est maître de
tout, et se sert pour réussir de moyens im-

menses ; celui - ci n'est maître de rien , et
n'a entre les mains que les plus foibles ressources : il est aisé de reconnoître aux premiers traits et le caractère et la mission du
dévastateur de la France.

Buonaparte est un faux grand homme : la
magnanimité qui fait les héros et les véritables
rois, lui manque. De là vient qu'on ne cite pas
de lui un seul de ces mots qui annoncent Alexandre et César , Henri IV et Louis XIV. La
nature le forma sans entrailles. Sa tête assez
vaste est l'empire des ténèbres et de la con-
fusion. Toutes les idées , même celles du
bien, peuvent y entrer, mais elles en sortent
aussitôt. Le trait distinctif de son caractère
est une obstination invincible , une volonté
de fer, mais seulement pour l'injustice, l'oppression, les systèmes extravagans ; car il
abandonne facilement les projets qui pour-
roient être favorables à la morale , à l'ordre
et à la vertu. L'imagination le domine , et
la raison ne le règle point. Ses desseins
ne sont point le fruit de quelque chose de

profond et de réfléchi, mais l'effet d'un mouvement subit et d'une résolution soudaine. Il
a quelque chose de l'histrion et du comédien ; il joue tout, jusqu'aux passions qu'il
n'a pas. Toujours sur un théâtre, au Caire,
c'est un rénégat qui se vante d'avoir détruit la papauté ; à Paris, c'est le restaurateur de la religion chrétienne : tantôt inspiré, tantôt philosophe, ses scènes sont pré-
parées d'avance : un souverain qui a pu
prendre des leçons, afin de paroître dans
une attitude royale, est jugé pour la postérité. Jaloux de paroître original, il n'est
presque jamais qu'imitateur ; mais ses imi-
tations sont si grossières, qu'elles rappel-
lent à l'instant l'objet ou l'action qu'il copie :
il essaie toujours de dire ce qu'il croit un
grand mot ou de faire ce qu'il présume une
grande chose. Affectant l'universalité du génie,
il parle de finances et de spectacles, de guerre
et de modes, règle le sort des rois et celui
d'un commis à la barrière, date du Kremlin
un réglement sur les théâtres, et le jour d'une

4

bataille fait arrêter quelques femmes à Paris. Enfant de notre révolution , il a des ressemblances frappantes avec sa mère ; intempérance de langage ; goût de la basse littérature , passion d'écrire dans les journaux. Sous le masque de César et de l'Alexandre on aperçoit l'homme de peu , et l'enfant de petite famille. Il méprise souverainement les hommes , parce qu'il les juge d'après lui. Sa maxime est qu'ils ne font rien que par intérêt , que la probité même n'est qu'un calcul. De là le système de *fusion* qui faisoit la base de son gouvernement , employant également le méchant et l'honnête homme , mêlant à dessein le vice et la vertu , et prenant toujours soin de vous placer en opposition à vos principes. Son grand plaisir étoit de déshonorer la vertu , de souiller les réputations : il ne vous touchoit que pour vous flétrir. Quand il vous avoit fait tomber, vous deveniez *son homme* , selon son expression; vous lui apparteniez par droit de honte ; il vous en aimoit un peu moins, et

vous en méprisoit un peu plus. Dans son administration, il vouloit qu'on ne connût que les
résultats, et qu'on ne s'embarrassât jamais des
moyens. Les *masses* devant être tout, les *indi-
vidualités* rien. « On corrompra cette jeunesse ;
« mais elle m'obéira mieux ; on fera périr
« cette branche d'industrie, mais j'obtiendrai
« pour le moment plusieurs millions ; il périra
« soixante mille hommes dans cette affaire ;
« mais je gagnerai la bataille ». Voilà tout son
raisonnement, et voilà comme les royaumes
sont anéantis.

Né sur-tout pour détruire, Buonaparte
porte le mal dans son sein tout naturellement comme une mère porte son fruit avec
joie et une sorte d'orgueil. Il a l'horreur du
bonheur des hommes ; il disoit un jour : « Il
« y a encore quelques personnes heureuses en
« France ; ce sont des familles qui ne me con-
« noissent pas, qui vivent à la campagne dans
« un château avec 30 ou 40,000 livres de
« rente, mais je saurai bien les atteindre ; »

il a tenu parole. Il voyoit un jour jouer son
fils, il dit à un évêque présent : « Mon-
« sieur l'Évêque, croyez-vous que cela ait
« une âme ? » Tout ce qui se distingue par
quelque supériorité, épouvante ce tyran ;
toute réputation l'importune. Envieux des
talens, de l'esprit, de la vertu, il n'aimeroit
pas même le bruit d'un crime, si ce crime
n'étoit pas son ouvrage. Le plus disgracieux des
hommes, son grand plaisir est de blesser
ce qui l'approche, sans penser que nos rois
n'insultoient jamais personne, parce qu'on
ne pouvoit se venger d'eux, sans se souvenir
qu'il parle à la nation la plus délicate sur
l'honneur, à un peuple que la cour de
Louis XIV a formé, et qui est justement re-
nommé pour l'élégance de ses mœurs et la
fleur de sa politesse. Enfin Buonaparte
n'étoit que l'homme de la prospérité ; aussitôt que l'adversité qui fait éclater les vertus a touché le faux grand homme, le prodige
s'est évanoui : dans le monarque on n'a plus

aperçu qu'un aventurier , et dans le héros qu'un parvenu à la gloire.

Lorsque Buonaparte chassa le Directoire, il lui adressa ce discours :

« Qu'avez-vous fait de cette France que je « vous ai laissée si brillante? Je vous ai laissé « la paix, j'ai retrouvé la guerre; je vous ai « laissé des victoires, j'ai retrouvé des revers; « je vous ai laissé les millions de l'Italie, et « j'ai trouvé partout les lois spoliatrices et la « misère. Qu'avez-vous fait. de cent mille « Français que je connoissois , tous mes com- « pagnons de gloire? Ils sont morts.

« Cet état de chose ne peut durer, avant trois « ans il nous mèneroit au despotisme, mais nous « voulons la république; la république assise sur « les bases de l'égalité, de la morale, de la « liberté civile et de la tolérance politique, etc.»

Aujourd'hui homme de malheur, nous te prendrons par tes discours, et nous t'interro- gerons par tes paroles. Dis, qu'as-tu fait de cette France si brillante? où sont nos trésors, les millions de l'Italie, de l'Europe entière?

Qu'as-tu fait, non pas de cent mille, mais de cinq millions de Français que nous connoissions tous, nos parens, nos amis, nos frères? Cet état de chose ne peut durer; il nous a plongés dans un affreux despotisme. Tu voulois la république, et tu nous as apporté l'esclavage. Nous, nous voulons la monarchie assise sur les bases de l'égalité des droits, de la morale, de la liberté civile, de la tolérance politique et religieuse. Nous l'as-tu donnée cette monarchie? qu'as-tu fait pour nous? que devons-nous à ton règne? qui est-ce qui a assassiné le duc d'Enghien, torturé Pichegru, banni Moreau, chargé de chaînes le souverain Pontife, enlevé les princes d'Espagne, commencé une guerre impie? C'est toi. Qui est-ce qui a perdu nos colonies, anéanti notre commerce, ouvert l'Amérique aux Anglais, corrompu nos mœurs, enlevé les enfans aux pères, désolé les familles, ravagé le monde, brûlé plus de mille lieues de pays, inspiré l'horreur du nom français à toute la terre? C'est toi. Qui est-ce qui a exposé la France à la peste, à l'invasion, au démembrement, à la conquête? C'est encore toi! Voilà ce que tu n'as pu demander au Directoire, et ce que nous te demandons aujourd'hui. Combien es-tu plus coupable que ces hommes que tu ne trouvois pas dignes de régner? Un roi légitime et héréditaire qui auroit accablé son peuple de la moindre partie des maux que tu nous as faits, auroit mis son trône en péril; et toi, usurpateur et étranger, tu nous deviendrois sacré en raison des calamités que tu as répandues sur nous! tu régnerois encore au milieu de nos tombeaux! Nous rentrons enfin dans nos droits par le malheur; nous ne voulons plus adorer Moloch; tu ne dévoreras plus nos enfans : nous ne voulons plus de ta conscription, de ta police, de ta censure, de tes fusillades nocturnes, de ta tyrannie. Ce n'est pas seulement nous, c'est le genre humain qui t'accuse. Il nous demande vengeance au nom de la religion, de la morale et de la liberté. Où n'as-tu pas répandu la désolation? dans quel coin du monde une famille obscure a-t-

elle échappé à tes ravages ? L'Espagnol dans
ses montagnes, l'Illyrien dans ses vallées,
l'Italien sous son beau soleil, l'Allemand,
le Russe, le Prussien dans ses villes en
cendre, te redemandent leurs fils que tu as
égorgés, la tente, la cabane, le château,
le temple où tu as porté la flamme. Tu les
as forcés de venir chercher parmi nous ce
que tu leur as ravi, et reconnoître dans
tes palais leur dépouille ensanglantée. La voix
du monde te déclare le plus grand coupable
qui ait jamais paru sur la terre ; car ce n'est
pas sur des peuples barbares ou sur des nations dégénérées que tu as versé tant de maux ;
c'est au milieu de la civilisation, dans un
siécle de lumières que tu as voulu régner par
le glaive d'Atila et les maximes de Néron.
Quitte enfin ton sceptre de fer ; descends de ce
monceau de ruines dont tu avois fait un trône !
Nous te chassons comme tu as chassé le Directoire. Va ! puisses-tu pour seul châtiment, être
témoin de la joie que ta chute cause à la
France, et contempler, en versant des larmes

de rage , le spectacle de la félicité publique ! »

Telles sont les paroles que nous adressons à l'étranger. Mais si nous rejetons Buonaparte, qui le remplacera ? le Roi.

DES BOURBONS.

Les fonctions attachées à ce titre sont si connues des Français , qu'ils n'ont pas besoin de se le faire expliquer ; le Roi leur représente aussitôt l'idée de l'autorité légitime, de l'ordre , de la paix, de la liberté légale et monarchique. Les souvenirs de la vieille France , la religion, les antiques usages, les mœurs de la famille , les habitudes de notre enfance , le berceau , le tombeau , tout se rattache à ce mot sacré de roi : il n'effraie personne; au contraire, il rassure. Le roi, le magistrat, le père ; un Français confond ces idées. Il ne sait ce que c'est qu'un empereur; il ne connoît pas la nature , la forme , la limite du pouvoir attaché à ce titre étranger. Mais il sait ce que c'est qu'un monarque descendant de saint Louis et de Henri IV : c'est un chef dont la puissance paternelle est réglée

par des institutions, tempérée par les mœurs,
adoucie et rendue excellente par le temps,
comme un vin généreux, né de la terre de la
patrie, et mûri par le soleil de la France.
Cessons de vouloir nous le cacher. Il n'y
aura ni repos, ni bonheur, ni félicité, ni
stabilité dans nos lois, nos opinions, nos for-
tunes, que quand la maison de Bourbon sera
rétablie sur le trône. Certes, l'antiquité, plus
reconnoissante que nous, n'auroit pas manqué
d'appeler divine, une race qui commençant
par un roi brave et prudent, et finissant par
un martyr, a compté dans l'espace de neuf
siècles trente - trois monarques, parmi lesquels on ne trouve qu'un seul tyran. Exemple
unique dans l'histoire du monde, et éternel
sujet d'orgueil pour notre patrie. La probité
et l'honneur étoient assis sur le trône de
France, comme sur les autres trônes la force
et la politique. Le sang noble et doux des
Capet ne se reposoit de produire des héros
que pour faire des rois honnêtes hommes.
Les uns furent appelés sages, bons, justes,

bien aimés ; les autres surnommés grands ,
augustes, pères des lettres et de la patrie.
Quelques-uns eurent des passions qu'ils expiè-
rent par des malheurs; mais aucun n'épouvanta
le monde par ces vices qui pèsent sur la mémoire
des Césars et que Buonaparte a reproduits.

Les Bourbons , dernière branche de cet
arbre sacré , ont vu , par une destinée extraordinaire , leur premier roi tomber sous le
poignard du fanatique , et leur dernier sous la
hache de l'athée. Depuis Robert, sixième fils
de S. Louis dont ils descendent, il ne leur a
manqué pendant tant de siècles que cette
gloire de l'adversité , qu'ils ont enfin magni-
fiquement obtenue. Qu'avons-nous à leur
reprocher ? Le nom de Henri IV fait encore
tressaillir les cœurs français , et remplit nos
yeux de larmes ; nous devons à Louis XIV
la meilleure partie de notre gloire. N'avons-
nous pas surnommé Louis XVI le plus honnête de son royaume ? Est-ce parce que nous
l'avons tué que nous rejetons son sang ? Est-ce
parce que nous avons fait mourir sa sœur, sa

femme et son fils, que nous repoussons sa famille? Cette famille pleure dans l'exil, non ses malheurs, mais les nôtres. Cette jeune princesse que nous avons persécutée, que nous avons rendue orpheline, regrette tous les jours dans les palais étrangers les prisons de la France. Elle pouvoit recevoir la main d'un prince puissant et glorieux, mais elle préféra unir sa destinée à celle de son cousin, pauvre, exilé, proscrit, parce qu'il ětoit Français, et qu'elle ne vouloit point se séparer des malheurs de sa famille. Le monde entier admire ses vertus; les peuples de l'Europe la suivent quand elle paroît dans les promenades publiques, en la comblant de bénédictions; et nous, nous pouvons l'oublier ! Quand elle quitta sa patrie où elle avoit été si malheureuse, elle jeta les yeux en arrière, et elle pleura. Objets constans de ses prières et de son amour, nous savons à peine qu'elle existe. « *Je sens*, dit-elle quelquefois, *que je n'aurai d'enfant qu'en France* », mot touchant qui seul devroit nous faire tomber à ses pieds, et nous arra-

cher les sanglots du repentir. Oui, madame
la duchesse d'Angoulême deviendra féconde
sur le sol fécond de la patrie ! Cette terre
porte naturellement les lys : ils renaîtront
plus beaux, arrosés du sang de tant de victimes offertes en expiation au pied de l'échafaud de Louis et d'Antoinette !

Le frère de notre roi, Louis XVIII, qui doit
régner le premier sur nous, est un prince connu
par ses lumières, inaccessible aux préjugés,
étranger à la vengeance. De tous les souverains
qui peuvent gouverner à présent la France, c'est
peut-être celui qui convient le mieux à notre
position et à l'esprit du siècle ; comme de tous
les hommes que nous pouvions choisir, Buonaparte étoit peut-être le moins propre à être roi.
Les institutions des peuples sont l'ouvrage du
temps et de l'expérience : pour régner il faut
surtout de la raison et de l'uniformité. Un
prince qui n'auroit dans la tête que deux ou
trois idées communes mais utiles, seroit un
souverain plus convenable à une nation, qu'un
aventurier extraordinaire, enfantant sans cesse

de nouveaux plans, imaginant de nouvelles lois, ne croyant régner que quand il travaille à troubler les peuples, à changer, à détruire le soir ce qu'il a créé le matin. Non-seulement Louis XVIII a ces idées fixes, cette modération, ce bon sens si nécessaires à un monarque, mais c'est encore un prince ami des lettres, instruit et éloquent comme plusieurs de nos rois, d'un esprit vaste et éclairé, d'un caractère ferme et philosophique.

Choisissons entre Buonaparte, qui revient à nous portant le code sanglant de la conscription, et Louis XVIII, qui s'avance pour fermer nos plaies, le testament de Louis XVI à la main. Il répétera à son sacre ces paroles écrites par son vertueux frère :

« Je pardonne de tout mon cœur à ceux « qui se sont faits mes ennemis, sans que je « leur en eus donné aucun sujet, et je prie « Dieu de leur pardonner. »

M. le comte d'Artois, d'un caractère si franc, si loyal, si français, se distingue au-

jourd'hui par sa piéte, sa douceur et sa bonté,
comme il se faisoit remarquer dans sa première jeunesse par son grand air et ses grâces
royales. Buonaparte fut abattu par la main de
Dieu, mais non corrigé par l'adversité : à me-
sure qu'il recule dans le pays qui échappe à sa
tyrannie, il traîne après lui de malheureuses
victimes, chargées de fers: c'est dans les dernières prisons de la France qu'il exerce les derniers actes de son pouvoir. M. le comte d'Artois
arrive seul, sans soldats, sans appui, inconnu
aux Français auxquels il se montre. A peine
a-t-il prononcé son nom, que le peuple tombe
à ses genoux; on baise respectueusement son
habit, on embrasse ses genoux; on lui crie,
en répandant des torrens de larmes : « Nous
ne vous apportons que nos cœurs, le monstre
ne nous a laissé que cela ! » A cette manière
de quitter la France, à cette façon d'y rentrer,
reconnoissez d'un côté l'usurpateur; de l'autre
le prince légitime. »

M. le duc d'Angoulême a paru dans une
autre de nos provinces ; Bordeaux, la se-

conde ville du royaume, s'est jeté dans ses
bras, et la patrie de Henri IV a reconnu avec
des transports de joie l'héritier des vertus du
Béarnois. Nos armées n'ont point vu de che-
valier plus brave que M. le duc de Berry.
M. le duc d'Orléans prouve par sa noble
fidélité au sang de son roi, que son nom est
toujours un des plus beaux de la France. J'ai
déjà parlé des trois générations de héros,
M. le prince de Condé , M. le duc de
Bourbon : je laisse à Buonaparte à nommer le
troisième.

Je ne sais si la postérité pourra croire que
tant de princes de la maison de Bourbon ont
été proscrits par ce peuple qui leur devoit
toute sa gloire , sans avoir été coupables
d'aucun crime, sans que leur malheur leur soit
venu de la tyrannie du dernier roi de leur
race ; non, l'avenir ne pourra comprendre que
nous ayions banni des princes aussi bons,
des princes nos compatriotes , pour mettre
à notre tête un étranger, le plus méchant
de tous les hommes. On conçoit jusqu'à un

certain point la république en France : un
peuple, dans un moment de folie, peut
vouloir changer la forme de son gouvernement, et ne plus reconnoître de chef suprême ; mais si nous revenons à la monarchie,
c'est le comble de la honte et de l'absurdité
de la vouloir sans le souverain légitime, et de
croire qu'elle puisse exister sans lui. Qu'on
modifie, si l'on veut, la constitution de cette
monarchie, mais nul n'a le droit de changer
le monarque. Il peut arriver qu'un roi cruel,
tyrannique, qui viole toutes les lois, qui
prive tout un peuple de ses libertés, soit déposé par l'effet d'une révolution violente ;
mais dans ce cas extraordinaire, la couronne
passe à ses fils, ou à son plus proche héritier. Or, Louis XVI a-t-il été un tyran ?
pouvons-nous faire le procès à sa mémoire ?
en vertu de quelle autorité privons-nous sa
race d'un trône qui lui appartient à tant de
titres ? Par quel honteux caprice avons-nous
donné à Buonaparte l'héritage de Robert-le-
Fort. Ce Robert-le-Fort descendoit vraisem-

blablement de la seconde race, et celle-ci se
rattachoit à la première. Il étoit comte de
Paris. Hugues Capet apporta aux Français,
comme Français lui-même, Paris, son héritage
paternel, des biens et des domaines immenses.
La France, si petite sous les premiers Capet,
s'enrichit et s'accrut sous leurs descendans. Et
c'est en faveur d'un insulaire obscur dont il a
fallu faire la fortune en dépouillant tous les
Français, que nous avons renversé la loi sa-
lique, *palladium* de notre empire. Combien
nos pères différoient de nous de sentimens et
de maximes ! A la mort de Philippe-le-Bel
ils adjugèrent la couronne à Philippe de Va-
lois au préjudice d'Edouard III, roi d'Angleterre ; ils aimèrent mieux se condamner à
deux siècles de guerre , que de se laisser
gouverner par un étranger. Cette noble résolution fut la cause de la gloire et de la grandeur de la France : l'oriflamme fut déchirée
aux champs de Créci, de Poitiers et d'Azin-
court, mais ses lambeaux triomphèrent enfin
de la bannière d'Edouard III et de Henri V,

et le cri de *Montjoie S. Denis* étouffa celui
de toutes les factions. La même question de
l'hérédité se représenta à la mort de Henri III :
le parlement rendit alors le fameux édit
qui donna Henri IV et Louis XIV à la France.
Ce n'étoient pourtant pas des têtes ignobles
que celles d'Edouard III , de Henri V, du duc
de Guise et de l'infante d'Espagne. Grand
Dieu ! qu'est donc devenu l'orgueil de la
France ! Elle a refusé d'aussi grands souverains pour conserver sa race française et royale,
et elle a fait choix de Buonaparte !

En vain prétendroit-on que Buonaparte n'est
pas étranger. Il l'est aux yeux de toute l'Europe,
de tous les Français non prévenus ; il le sera
au jugement de la postérité : elle lui attri-
buera peut-être la meilleure partie de nos
victoires, et nous chargera d'une partie de ses
crimes. Buonaparte n'a rien de français, ni
dans les mœurs, ni dans le caractère. Les traits
même de son visage montrent son origine. La
langue qu'il apprit dans son berceau n'étoit
pas la nôtre , et son accent comme son nom

révèlent sa patrie (1). Son père et sa mère ont vécu plus de la moitié de leur vie sujets de la république de Gênes. Lui-même est plus sincère que ses flatteurs : il ne se reconnoît pas français; il nous hait et nous méprise. Il lui est plusieurs fois échappé de dire : *Voilà comme vous êtes, vous autres Français.* Dans un discours il a parlé de l'Italie comme de sa patrie, et de la France comme de sa conquête. Si Buonaparte est Français, il faut dire nécessairement que Toussaint-Louverture l'étoit autant et plus que lui : car enfin il étoit né dans une vieille colonie française, et sous les lois françaises ; la liberté qu'il avoit reçue lui avoit rendu les droits du sujet et du citoyen. Et un étranger élevé par la charité de nos rois occupe le trône de nos rois, et brûle de répandre leur sang ! Nous prîmes soin de

---

(1) On a découvert que Buonaparte s'étoit rajeuni d'un an. Il est né le 5 février 1768; et la réunion de la Corse à la France est du 15 mai de la même année. De sorte que dans toute la rigueur de l'expression, Buonaparte est étranger aux Français.

sa jeunesse , et par reconnoissance il nous plonge dans un abîme de douleur ! Juste dispensation de la Providence ! les Gaulois saccagèrent Rome , et les Romains opprimèrent les Gaules ; les Français ont souvent ravagé l'Italie , et les Médicis , les Galigaï, les Buonaparte nous ont désolés (1). La France et l'Italie devroient enfin se connoître, et renoncer pour toujours l'une à l'autre.

Qu'il sera doux de se reposer enfin de tant d'agitation et de malheur sous l'autorité paternelle de notre souverain légitime. Nous avons pu un moment être sujets de la gloire que nos armes avoient répandue sur Buonaparte ; aujourd'hui qu'il s'est dépouillé luimême de cette gloire , ce seroit trop que de rester l'esclave de ses crimes. Rejetons cet oppresseur comme tous les autres peuples l'ont déjà rejeté. Qu'on ne dise pas de nous : Ils ont tué le meilleur et le plus vertueux des rois ; ils n'ont rien fait pour lui sauver

_____

(1) Voyez la Préface.

la vie, et ils versent aujourd'hui la dernière goutte de leur sang, ils sacrifient les restes de la France pour soutenir un étranger qu'eux mêmes détestent. Par quelle raison cette France infidèle justifieroit-elle son abominable fidélité? Il faut donc avouer que ce sont les forfaits qui nous plaisent, les crimes qui nous charment, la tyrannie qui nous convient. Ah! si les nations étrangères enfin, lasses de notre obstination, alloient consentir à nous laisser cet insensé; si nous étions assez lâches pour acheter, par une partie de notre territoire, la honte de conserver au milieu de nous le germe de la peste et le fléau de l'humanité, il faudroit fuir au fond des déserts, changer de nom et de langage, tâcher d'oublier et de faire oublier que nous avons été Francais.

Pensons au bonheur de notre commune patrie; songeons bien que notre sort est entre nos mains: un mot peut nous rendre à la gloire, à la paix, à l'estime du monde, ou nous plonger dans le plus affreux, comme dans le plus

ignoble esclavage. Relevons la monarchie de
Clovis, l'héritage de saint Louis, le patrimoine
de Henri IV. Les Bourbons seuls conviennent
aujourd'hui à notre situation malheureuse,
sont les seuls médecins qui puissent fermer
nos blessures. La modération, la paternité de
leurs sentimens, leurs propres adversités conviennent à un royaume épuisé, fatigué de con-
vulsion et de malheurs. Tout deviendra légitime avec eux, tout est illégitime sans eux. Leur
seule présence fera renaître l'ordre dont ils sont
pour nous le principe. Ce sont de braves et illustres gentilshommes autant et plus Français
que nous. Ces seigneurs des Fleurs de Lys
furent dans tous les temps célèbres par leur
loyauté; ils tiennent si fort à la racine de nos
mœurs, qu'ils semblent faire partie même de la
France, et lui manquer aujourd'hui comme
l'air et le soleil.

Si tout doit devenir paisible avec eux; s'ils
peuvent seuls mettre un terme à cette trop
longue révolution, le retour de Buonaparte
nous plongeroit dans des maux affreux et

dans des troubles interminables. L'imagination
la plus féconde peut-elle se représenter ce
que seroit ce monstrueux géant resserré dans
d'étroites limites, n'ayant plus les trésors du
monde à dévorer et le sang de l'Europe à répandre. Peut-on se le figurer renfermé dans
une cour ruinée et flétrie, exerçant sur les
seuls Français sa rage, ses vengeances et son
génie turbulent? Buonaparte n'est point changé;
il ne changera jamais. Toujours il inventera des
projets, des lois, des décrets absurdes, con-
tradictoires ou criminels; toujours il nous tour-
mentera : il rendra toujours incertaines notre
vie, notre liberté, nos propriétés. En attendant
qu'il puisse troubler le monde de nouveau, il
s'occupera du soin de bouleverser nos familles.
Seuls esclaves au milieu du monde libre, objet
du mépris des peuples, le dernier degré du
malheur sera de ne plus sentir notre abjection,
et de nous endormir, comme l'esclave de l'O-
rient, indifférent au cordon que le sultan nous
enverra à notre réveil.

Non, il n'en sera pas ainsi. Nous avons un

prince légitime , né de notre sang , élevé
parmi nous , que nous connoissons , qui nous
connoît , qui a nos mœurs , nos goûts , nos
habitudes ; pour lequel nous avons prié Dieu
dans notre jeunesse , dont nos enfans savent le
nom comme celui d'un de leur voisin , et dont
les pères vécurent et moururent avec les nôtres.
Parce que nous avons réduit nos anciens
princes à être voyageurs, la France sera-t-elle
une propriété forfaite? Doit-elle demeurer à
Buonaparte par droit d'aubaine ? Ah ! pour
Dieu ne soyons pas trouvés en telle déloyauté ,
que de déshériter notre naturel seigneur , pour
donner son lit au premier compagnon qui le
demande. Si nos maîtres légitimes nous man-
quoient , le dernier des Français seroit encore
préférable à Buonaparte pour régner sur nous :
du moins nous n'aurions pas la honte d'obéir
à un étranger.

Il ne me reste plus qu'à prouver que si le
rétablissement de la maison de Bourbon est
nécessaire à la France , il ne l'est pas moins à
l'Europe entière.

Des Alliés.

A ne considérer d'abord que les raisons particulières , est-il un homme au monde qui voulût jamais s'en reposer sur la parole de Buonaparte ? N'est-ce pas un point de sa politique comme un des penchans de son cœur, que de faire consister l'habileté à tromper, à regarder la bonne-foi comme une duperie et comme la marque d'un esprit borné, à se jouer de la sainteté des sermens? A-t-il tenu un seul des traités qu'il ait faits avec les diverses puissances de l'Europe ? C'est toujours en violant quelque article de ces traités et en pleine paix qu'il a fait ses conquêtes les plus solides ; rarement il a évacué une place qu'il devoit rendre ; et aujourd'hui même qu'il est abattu , il possède encore dans quelques forteresses de l'Allemagne le fruit de ses rapines et les témoins de ses mensonges.

On le liera de sorte qu'il ne puisse recommencer ses ravages? Vous aurez beau l'affoiblir en démembrant la France, en mettant garnison

dans les **places** frontières pendant un certain
nombre d'années, en l'obligeant à payer des
sommes considérables, en le forçant à n'avoir
qu'une petite armée et à abolir la conscription ;
tout cela sera vain. Buonaparte, encore une
fois, n'est point changé. L'adversité ne peut rien
sur lui, parce qu'il n'était pas au-dessus de la fortune. Il méditera en silence sa vengeance : tout-
à-coup, après un ou deux ans de repos, lorsque la coalition sera dissoute, que chaque
puissance sera rentrée dans ses états, il nous
appellera aux armes, profitera des générations
qui se seront formées, enlèvera, franchira les
places de sûreté, et se débordera de nouveau sur
l'Allemagne. Aujourd'hui même il ne parle
que d'aller brûler Vienne, Berlin et Munich;
il ne peut consentir à lâcher sa proie. Les
Russes reviendront-ils assez vite des rives
du Boristhène pour sauver une seconde fois
l'Europe ? Cette miraculeuse coalition, fruit
de vingt-cinq années de souffrances, pourra-
t-elle se renouer quand tous les fils en au-
ront été brisés ? Buonaparte n'aura-t-il pas

trouvé le moyen de corrompre quelques ministres , de séduire quelques princes , de ré-
veiller d'anciennes jalousies , de mettre peut-
être dans ses intérêts quelques peuples assez
aveugles pour combattre sous ses drapeaux ?
Enfin les princes qui règnent aujourd'hui seront - ils tous sur le trône , et ce changement dans les règnes ne pourroit - il pas
amener un changement dans la politique ?
Des puissances, si souvent trompées , pour-
roient elles reprendre tout-à-coup une sé-
curité qui les perdroit ? Quoi elles auroient
oublié l'orgueil de cet aventurier qui les a trai-
tées avec tant d'insolence, qui se vantoit d'avoir
des rois dans son antichambre , qui envoyoit
signifier ses ordres aux souverains, établissoit
ses espions jusque dans leur cour, et disoit tout
haut qu'avant dix ans sa *Dynastie* seroit la plus
ancienne de l'Europe ! Des rois traiteroient
avec un homme qui leur a prodigué des
outrages que ne supporteroit pas un simple
particulier ! Une reine charmante faisoit l'admiration de l'Europe par sa beauté, son cou-

rage et ses vertus, et il a avancé sa mort
par les plus lâches comme par les plus
ignobles outrages. La sainteté des rois comme
la décence m'empêchent de répéter les ca-
lomnies, les grossièretés, les ignobles plai-
santeries qu'il a prodiguées tour-à-tour à ces
rois et à ces ministres qui lui dictent aujour-
d'hui des lois dans son palais. Si les puissances
méprisent personnellement ces outrages, elles
ne peuvent ni ne doivent les mépriser pour
l'intérêt et la majesté des trônes : elles doivent
se faire respecter des peuples, briser enfin
le glaive de l'usurpateur, et déshonorer pour
toujours cet abominable droit de la force, sur
qui Buonaparte fondoit son orgueil et son
empire.

Après ces considérations particulières, il
s'en présente d'autres d'une nature plus élevée,
et qui seules doivent déterminer les puissances
coalisées à ne plus reconnoître Buonaparte
pour souverain.

Il importe au repos des peuples, il importe
à la sûreté des couronnes, à la vie comme à la

famille des souverains, qu'un homme sorti des
rangs inférieurs de la société, ne puisse im-
punément s'asseoir sur le trône de son maître,
prendre place parmi les souverains légitimes,
les traiter de frères, et trouver dans les révolutions qui l'ont élevé assez de force pour
balancer les droits de la légitimité de la race.
Si cet exemple est une fois donné au monde,
aucun monarque ne peut compter sur sa couronne. Si le trône de Clovis peut être, en
pleine civilisation, laissé à un Corse, tandis
que les fils de St. Louis sont errans sur la
terre, nul roi ne peut s'assurer aujourd'hui
qu'il régnera demain. Qu'on y prenne bien
garde : toutes les monarchies de l'Europe
sont à peu près filles des mêmes mœurs et des
mêmes temps, tous les rois sont réellement
des espèces de frères unis par la religion chrétienne et par l'antiquité des souvenirs. Ce beau
et grand système une fois rompu, des races
nouvelles assises sur les trônes où elles feront
régner d'autres mœurs, d'autres principes,

d'autres idées ; c'en est fait de l'ancienne Europe; et dans le cours de quelques années, une révolution générale aura changé la succession de tous les souverains. Les rois doivent donc prendre la défense de la maison de Bourbon, comme ils la prendroient de leur propre famille. Ce qui est vrai considéré sous les rapports de la royauté, est encore vrai sous les rapports naturels. Il n'y a pas un roi en Europe qui n'ait du sang des Bourbons dans les veines, et qui ne doive voir en eux d'illustres et infortunés parens. On n'a déjà que trop appris aux peuples qu'on peut remuer les trônes. C'est aux rois à leur montrer que si les trônes peuvent être ébranlés ils ne peuvent être jamais détruits ; et que pour le bonheur du monde, les couronnes ne dépendent pas des succès du crime, et des jeux de la fortune.

Il importe encore à l'Europe civilisée que la France qui en est comme l'âme et le cœur par son génie et par sa position, soit heu-

reuse, florissante, paisible; elle ne peut l'être
que sous ses anciens rois. Tout autre gouvernement prolongeroit parmi nous ces convul-
sions qui se font sentir au bout de la terre.
Les Bourbons seuls, par la majesté de leur
race, par la légitimité de leurs droits, par la
modération de leur caractère, offriront une
garantie suffisante aux traités, et fermeront les
plaies du monde.

Sous le règne des tyrans, toutes les lois
morales sont comme suspendues; de même
qu'en Angleterre, dans les temps de trouble,
on suspend l'acte sur lequel repose la liberté
des citoyens. Chacun sait qu'il n'agit pas
bien, qu'il marche dans une fausse voie; mais
chacun se soumet et se prête à l'oppression.
On se fait même une espèce de fausse conscience; on remplit scrupuleusement les ordres
les plus opposés à la justice. L'excuse est qu'il
viendra de meilleurs jours, que l'on rentrera
dans ses droits; que c'est un temps d'iniquités
qu'il faut passer, comme on passe un temps

de malheurs. Mais en attendant ce retour, le tyran fait tout ce qui lui plaît ; il est obéi ; il peut traîner tout un peuple à la guerre, l'opprimer, lui demander tout sans être refusé. Avec un prince légitime cela est impossible : tout le monde, sous un sceptre légal, est en jouissance de ses droits naturels et en exercice de ses vertus. Si le roi vouloit passer les bornes de son pouvoir, il trouveroit des obstacles invincibles ; tous les corps feroient des remontrances, tous les individus parleroient ; on lui opposeroit la raison, la conscience, la liberté. Voilà pourquoi Buonaparte, resté maître d'un seul village de la France, est plus à craindre pour l'Europe que les Bourbons avec la France jusqu'au Rhin.

Au reste, les rois peuvent-ils douter de l'opinion de la France ? croient-ils qu'ils seroient parvenus aussi facilement jusqu'au Louvre, si les Français n'avoient espéré en eux des libérateurs ? N'ont-ils pas vu dans toutes

6

les villes où ils sont entrés des signes manifestes de cette espérance ? Qu'entend-on en France depuis six mois, sinon ces paroles : *Les Bourbons y sont-ils ! où sont les princes? viennent-ils? Ah! si l'on voyoit un drapeau blanc!* D'une autre part, l'horreur de l'usurpateur est dans tous les cœurs. Il inspire tant de haine, qu'il a balancé chez un peuple guerrier ce qu'il y a de dur dans la présence d'un ennemi; on a mieux aimé souffrir une invasion d'un moment, que de s'exposer à garder Buonaparte toute la vie. Si les armées se sont battues, admirons leur courage et déplorons leurs malheurs; elles détestent le tyran autant et plus que le reste des Français; mais elles ont fait un serment ; et des grenadiers français meurent victimes de leur parole. La vue de l'étendard militaire inspire la fidélité : depuis nos pères les Francs jusqu'à nous, nos soldats ont fait un pacte saint, et se sont, pour ainsi dire, mariés à leurs épées. Ne prenons donc pas le sacrifice de l'honneur pour l'amour de l'esclavage.

Nos braves guerriers n'attendent qu'à être dégagés de leurs paroles. Que les Français et les Alliés reconnoissent leurs princes légitimes, et à l'instant l'armée, déliée de son serment, se rangera sous le drapeau sans tache souvent témoin de nos triomphes, quelquefois de nos revers, toujours de notre courage, jamais de notre honte.

Les rois alliés ne trouveront aucun obstacle à leur dessein, s'ils veulent suivre le seul parti qui peut assurer le repos de la France et celui de l'Europe. Ils doivent être satisfaits du triomphe de leurs armes. Nous Français, nous ne devons considérer ces triomphes que comme une leçon de la Providence, qui nous châtie sans nous humilier. Nous pouvons nous dire avec assurance, que ce qui eût été impossible sous nos princes légitimes, ne pouvoit s'accomplir que sous le règne d'un aventurier. Les rois alliés doivent désormais aspirer à une gloire plus solide et plus durable. Qu'ils se rendent avec leur garde sur la place de notre

révolution ; qu'ils fassent célébrer une pompe
funèbre à la place même où sont tombées les
têtes de Louis et d'Antoinette ; que ce conseil
de Rois , la main sur l'autel , au milieu du
peuple français à genoux et en larmes, recon-
noisse Louis XVIII pour roi de France : ils
offriront au monde le plus grand spectacle
qu'il ait jamais vu , et répandront sur eux une
gloire que les siècles ne pourront effacer.

Mais déjà une partie de ces événemens
est accomplie. Les miracles ont enfanté
les miracles. Paris , comme Athènes , a vu
entrer dans ses murs des étrangers qui l'ont
respecté, en souvenir de sa gloire et de ses
grands hommes. Quatre-vingt mille soldats
vainqueurs ont dormi auprès de nos citoyens,
sans troubler leur sommeil, sans se porter à
la moindre violence, sans faire même entendre un chant de triomphe. Ce sont
des libérateurs , et non pas des conqué-
rants. Honneur immortel aux souverains
qui ont pu donner au monde un pareil

exemple de modération dans la victoire ! Que d'injures ils avoient à venger ! Mais ils n'ont point confondu les Français avec le tyran qui les opprime. Aussi ont-ils déjà recueilli le fruit de leur magnanimité. Ils ont été reçus des habitans de Paris comme s'ils avoient été nos véritables monarques, comme des princes français, comme des Bourbons. Nous les verrons bientôt, les descendans de Henri IV; Alexandre nous les a promis : il se souvient que le contrat de mariage du duc et de la duchesse d'Angoulême est déposé dans les archives de la Russie. Il nous a fidèlement gardé le dernier acte public de notre gouvernement légitime ; il l'a rapporté au trésor de nos chartes, où nous garderons à notre tour le récit de son entrée dans Paris, comme un des plus grands et des plus glorieux monumens de l'histoire.

Toutefois ne séparons point des deux souverains qui sont aujourd'hui parmi nous cet autre souverain qui fait à la cause des rois et au repos des peuples, le plus grand des sacrifices : qu'il trouve comme monarque et comme père la récompense de ses vertus dans l'attendrissement, la reconnoissance et l'admiration des Français.

Et quel Français aussi pourroit oublier ce qu'il doit au Prince Régent d'Angleterre, au noble peuple qui a tant contribué à nous affranchir ? les drapeaux d'Elisabeth flottoient dans les armées de Henri IV; ils reparoissent dans les bataillons qui nous rendent Louis XVIII. Nous sommes trop sensibles à la gloire pour ne pas admirer ce lord Wellington qui retrace d'une manière si frappante les vertus et les talents de notre Turenne. Ne se sent-on pas touché jusqu'aux larmes, quand on voit ce véritable grand homme promettre, lors de notre rertaite du Portugal, deux guinées pour chaque prisonnier français qu'on lui ameneroit vivant. Par la seule force morale de son caractère, plus encore que par la vigueur de la discipline militaire, il a miraculeusement sus-

pendu, en entrant dans nos provinces, le ressentiment des Portugais et la vengeance des
Espagnols; enfin, c'est sous son étendard que
le premier cri de *vive le Roi!* a réveillé notre
malheureuse patrie : au lieu d'un roi de
France captif, le nouveau Prince-Noir ramène
à Bordeaux un roi de France délivré. Lorsque
le roi Jean fut conduit à Londres, touché de
la générosité d'Edouard, il s'attacha à ses vainqueurs, et revint mourir dans la terre de captivité : comme s'il eût prévu que cette terre
seroit dans la suite le dernier asile du dernier rejeton de sa race, et qu'un jour les
descendans des Talbot et des Chandos, recueil-
leroient la postérité proscrite des La Hire et
des Duguesclin.

Français ! amis, compagnons d'infortune, oublions nos querelles, nos haines,
nos erreurs pour sauver la patrie; embras-
sons - nous sur les ruines de notre cher
pays; et qu'appelant à notre secours l'héritier de Henri IV et de Louis XIV, il vienne

essuyer les pleurs de ses enfans, rendre le bonheur à sa famille, et jeter charitablement sur nos plaies le manteau de saint Louis, à moitié déchiré de nos propres mains. Songeons que tous les maux que nous éprouvons, la perte de nos biens, de nos armées, les malheurs de l'invasion, le massacre de nos enfans, le trouble et la décomposition de toute la France, la perte de nos libertés, sont l'ouvrage d'un seul homme, et que nous devrons tous les biens contraires à un seul homme. Faisons donc entendre de toutes parts le cri qui peut nous sauver, le cri que nos pères faisoient retentir dans le malheur comme dans la victoire, et qui sera pour nous le signal de la paix et du bonheur : Vive le Roi !

FIN.

www.ingramcontent.com/pod-product-compliance
Lightning Source LLC
Chambersburg PA
CBHW070128100426
42744CB00009B/1769